MESSY MEMORIES

Memorias Desordenadas

In Memoriam

Alfredo Fernández Pineda
1940 - 2020

Para mi Abuela Mirlen Gallardo y mi Familia
Gracias por tanto

Contents

sight

Deseo de Cumpleaños

ochenta velas para celebrar
lo que resultó ser nuestra última vez juntos
sin timbres
solo contraseñas e
internet tercermundista

me hacen mucha falta
lloraste con una
agonía pixelada
podíamos verte en la pantalla
tus ojos veían a todos lados

separados por planetas
era tiempo de pedir un deseo
las velas en tu torta humean
como fuego a través del viento

y a tu familia no le importaba
que había mala conexión
mientras tengamos ochenta y una velas
que soplar el próximo diciembre

Birthday Wish

eighty candles to celebrate
what turned out to be our last time together
no door bells
just passcodes and
third world country internet

I miss you all so much
you wept with a
pixelated agony
we could see you through the screen
your eyeballs looking everywhere

separated by planets
it was time to make a wish
the candles on your cake smoke
like fire through the wind

and your family didn't care
that there was poor connection
as long as we had eighty-one candles
to blow by next December

Misa Digital

alabada sea la tecnología
el sacerdote ha llegado
la misa en YouTube
desde casa el altar
brilla las campanas
le sonríen al todopoderoso

omitan los nombres
de los soldados caídos
el mío no fue a la guerra
la emboscada fue emitida
por el padre
el hijo
y el espíritu santo

silencio la parte
que más temo
se lo que pasará
antes que suceda
como las oraciones que memorizamos
en la escuela

Digital Mass

all praise technology
the priest has arrived
mass is on YouTube
back home the shrine
glistens the church bells
smile to the almighty

skip the names
of fallen soldiers
my own did not go to war
he was ambushed
by the father
the son
and the holy spirit

I mute the part
I fear the most
I know what's going to happen
even before it's going to happen
like the prayers we memorized
at school

Horario de Máxima Audiencia

asistir a su funeral a través de Zoom
fue como ver el peor programa de todos los tiempos
pero no quería que terminara

¿dónde puedo dejar una mala crítica?

Prime Time

attending his funeral through Zoom
was like watching the worst show ever
but I didn't want it to end

where can I leave a bad review?

Cambios

al ver las hojas caer
el cambio de estación
me recuerda que es tiempo
de mutar a una entidad nueva
mi alma hipócrita
se congela lentamente
en la víspera del aniversario
de tu partida

Changes

the change of season
reminds me that it's time
to mutate into a new entity
happiness bathed in smiles
my hypocritical soul
freezes slowly
on the eve of the anniversary
of your passing

Reflejo

mirándome en el espejo
seco mi pelo y lloro
lloro porque subí de peso
lloro porque nada sale a mi manera
lloro porque no hay otra manera

no proyecto
el vacío que dejaste

pero no temas que
yo pelo las capas
como la cebolla llorando
a la raíz de la lágrima

Reflection

as I look in the mirror
I blow dry my hair and cry
I cry because I gained weight
I cry because I can't have it my way
I cry because there is no other way

I am not projecting
the emptiness you left

but fear not
I peel the layers
like an onion I cry
to the root of the tear

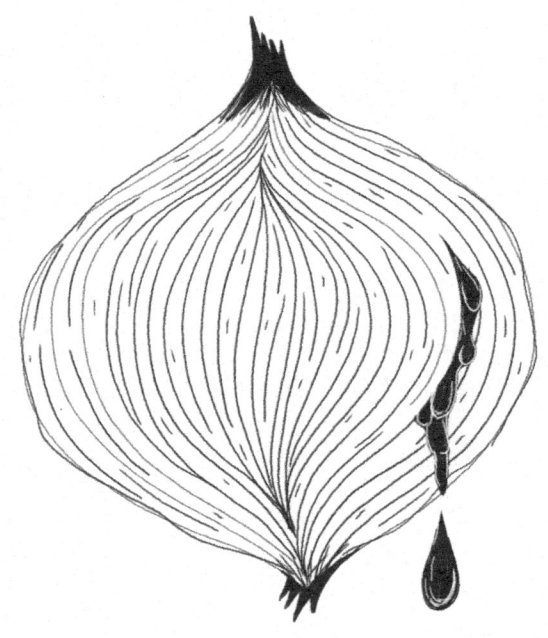

Día a Día

ella se apura
quiere que se acabe el día
los lunes apestan
pero esta agradecida
que hoy no es mañana
y hay solo una vida

repleta de fases
repleta de ciclos

como la luna
como la tuya
como la mía

Day by Day

she's in a hurry
wants the day to end
Mondays suck
but she feels blessed
today is not tomorrow
and there's only one life

full of phases
full of cycles

like the moon
like yours
like mine

Jardín Botánico

la metamorfosis inicia
cuando sobrepase estas
cuatro paredes
capullo de mariposa
envuelta en luto negro
derramando el dolor por
alas rosa y verde
tomando de vuelta
el espacio que me
pertenece

Botanical Garden

the metamorphosis starts
when I outgrow these
four walls
a butterfly cocoon
wrapped in grieving black
shedding the sorrow for
pink and green wings
taking the space that
belongs to me
back

Quietud

veo nubes oscuras pasar
nublando mi vista
yo sigo con mi día
y las nubes se mueven también

están conmovidas
en movimiento
solo quieren llorar
para poder bailar
en el cielo
abriendo camino para que el
sol pueda brillar
durante el día

y cuando anochezca
se levantará la luna atrevida
las estrellas brillarán
me siento acogida

busco claridad
veo por delante de mí
y las nubes se mueven también

Stillness

I see dark clouds passing
fogging my view
I go about my day
and the clouds are moving too

they're in motion
and commotion
they just want to cry
so they can dance around
the sky
paving the way for
the sun to shine
during the day

and when the night comes
the moon will rise up
the stars will shine
I feel embraced

I seek clarity
I see ahead of me
and the clouds are moving too

Vestida de Luto

¿por qué vestir de negro?
si el luto se lleva desnudo
una sombra hecha de seda
me traga como un tsunami

¿por qué vestir de negro?
si el luto se lleva por dentro
como un morral de sentimientos
jalándome hacia la tierra

¿por qué vestir de negro?
si el luto se lleva en asilo
vestida como un eclipse
escondiendo mi propio brillo

Dressed in Mourning

why wear black?
if mourning is worn naked
a silk-made shadow
swallows me like a tsunami

why wear black?
if mourning comes from inside
like a backpack of feelings
pulling me down to earth

why wear black?
if mourning is carried in asylum
dressed like an eclipse
hiding my own sparkle

Una y Once

tomo en cuenta las coincidencias
desde el dia que partiste
solo puedo darle coherencia
al chance cómplice
de este delito

repeticiones numéricas
y graffitis en el calle
me invento estrellas fugaces
como método de supervivencia

tan maldita la tristeza
que rodea este paraíso
de números unos en seguidilla
como una cerca protegiéndome

One Eleven

I take into account the coincidences
since the day you parted ways
I can only find coherence
in the chance
accomplice to this crime

numerical repetitions
and graffiti on the street
I make up shooting stars
as a survival method

that damned sadness
surrounds this paradise
of number ones in a row
like a fence protecting me

Mar Caribe

el aura de mi alma gris cemento
pero veo el cielo más azul
novata mi emoción
al sentirme una con la naturaleza

en breve recordé
que te encuentras en ella
en toda ella
en las palmeras
en la arena
en la espuma
y en mis pecas

Caribbean Sea

the aura of my soul is a cement-like gray
but I see the sky more blue
my rookie excitement
when I feel one with nature

I briefly remember
that you are in it
in all of it
in the palm trees
in the sand
in the foam
and in my freckles

Reencarnación

te he visto antes:

el hombre arrodillado
rezando
frente a mi en la iglesia

el personal del museo
dando la espalda a Miró

el conductor del autobús turístico
cuando viajé a Estambul

los abuelos en la 6ta avenida
cerca de Times Square

el señor del camión de tacos
que habla tu mismo idioma
yo deseaba que la birria
fuese una arepa

te vi en el metro
y escribí cómo te verías
si volvieras por mi a vivir
esta nueva vida en Nueva York

Reincarnation

I've seen you before:

the man kneeling
praying
across from me at church

the museum staff
giving their back to Miró

the sightseeing bus driver
when I traveled to Istanbul

the grandparents in 6th avenue
closer to Times Square

the guy from the taco truck
who spoke your same language
I wished that the birria
was an arepa

I saw you on the subway
and I wrote down how you'd look
if you were to come back for me and
live this new life in New York

Presencia

alma gemela intangible
entre mi sombra y
la luz
te encuentras
tejido
a mis yemas
te veo por doquier
aunque de mi
no estés cerca

Presence

intangible soulmate
between my shadow and
the light
you find yourself
weaved to
my fingertips
I see you everywhere I go
even though you're
nowhere near me

smell

Vicio

una vez boté tus Marlboros en el baño
y mis primas de cómplices estaban
teníamos diez, doce o capaz catorce
todavía recuerdo
como solías oler
Jean Marie Farina y nicotina

irónicamente me encuentro
encendiendo un cigarro tras otro
esperando encontrarme a mi misma
después de meses atrapada
en una burbuja
una nube de humo
neblina que ciega
la agonía al sentir
que derrotaste tu vicio
sin tú saber que yo no

Vices

I once threw away your Marlboros down the toilet
with my cousins as accomplices
we were ten, twelve or maybe fourteen
I still remember
how you used to smell
Jean Marie Farina and nicotine

ironically I find myself
lighting one after another one
hoping to find myself
after months trapped in a bubble
a smoking cloud
a blinding fog
the agony of knowing
that you quit
and you not knowing
that I won't

Un Domingo Diferente

el agua bendita huele a pecado
la lluvia derrite el dulce
manto del
incienso que se mueve con mi cuerpo
en sincronía
al arrodillarme
frente al altar en la iglesia

A Different Kind of Sunday

holy water smells like sin
the rain melts the sweet
mantle of
the incense that moves
in sync
with my body as I kneel against
the church shrine

Polen

se me acabaron las excusas corporativas
era invierno
el polen se congeló en el tiempo

no puedo usar esa frase
para ocultar
la hinchazón de mis ojos
cachetes inflamados
y nariz roja

llegó la temporada de llorar
   temporada de dolor
    temporada de pesar

las flores florecerán
y habrá razones
para conectarse a trabajar
y decirle a los demás
llegó la época!

desperté con una alergia horrible

Pollen

I ran out of corporate excuses
it was winter
the pollen froze in time

can't use that line
to disguise
the puffiness of the eyes
swollen cheeks
a red nose

it's crying season
        heartache season
                is every season

the flowers will blossom
and there will be reasons
to log on for work
and tell others
tis the season!

I woke up with horrible allergies

Ritual para Dormir

pretendo ir a dormir en paz
mi ansiedad paralizante
me acurruca como
sábanas limpias

yo trato de purgar mi espacio
para tu llegada
la virgen María en mi mesa de noche
mis cristales en la otra
enciendo

el Palo Santo que llena
mi cuarto con olor bendito

aceite de damiana corre
por mis muñecas
y detrás de mis orejas

rezo
que el sonido y olor que se esfuman
me revelen a ti
en mis sueños
en el espacio sideral
tu me encuentras
y yo estaré ahí

la sangre viaja dimensiones
si la dejas

Bedtime Ritual

I pretend to go to bed at peace
my crippling anxiety
nestled up like
clean bed sheets

I try to cleanse my space
for your arrival
virgin Mary's statue on a night stand
crystals on the other
I light up

the Palo Santo that fills
my room with the smell of a blessing

damiana oil glides
on my wrists
and behind my ears

I pray
the fading of smoke and smell
will reveal myself to you
in my dreams
in outer space
you meet me
and I will be there

blood travels dimensions
if you let it

Dia de San Valentín

Nada como estar enamorada en Nueva York

Nada como estar de luto en Nueva York

Valentine's Day

Nothing like being in love in New York

    Nothing like grieving alone in New York

Brisa Salada

anclada en mis penas
como un arrecife
el vaivén de las olas
contra mi piel
libera serotonina

la brisa salada
interrumpe los pensamientos
que me ahogan
y suspiro por aire

la infinidad del agua
me recuerda mi mortalidad
y me entrego
al misterio de la vida
y de la muerte

Salty Breeze

anchored in my sorrows
like a coral reef
the swaying of the waves
against my skin
releases serotonin

the salty breeze
interrupts the thoughts
that are drowning me
and I gasp for air

the sea reminds me
of my mortality
and I surrender
to the mysteries of life
and death

Aroma Característico

decimos adiós
y tu colonia
permanece en mi ropa
como un regalo que
no quiero abrir todavía

Signature Scent

we say goodbye
and your cologne
lingers in my clothes
like a present
I don't want to open yet

Chupe de Pollo

celeri, cilantro y puerro
en una olla
fuego alto hasta que el agua hierva
los sabores burbujean
llenando el aire de hierbas terrenales
como un buqué de aromáticos

huele a domingo en casa
cuando te arremangas
y cocinas toda la mañana
anhelando que el reloj dé
la hora mediodía
el sol también nos lo dirá

brisa derretida alrededor de la cuadra
el queso cortado en cubos
en el medio de
la mesa rodeada de historias
y el tintineo de las cucharas

mis manos encarnan a los que
me han bendecido
con comida
para cambiar la narrativa
de quienes la llaman
sopa de inmigrante

Chicken Chupe

celery, cilantro and leek
on a pot
high heat until the water boils
the flavors bubble up
filling the air with earthy herbs
like a bouquet of aromatics

smells like Sundays at home
when you roll up your sleeves
and cook all morning longing
for the clock to strike
noon
the sun will tell us too

melted breeze around the block
cheese cut in cubes
sit in the middle of
the table surrounded by stories
and the clinks of the spoons

my hands embody those
who have blessed me
with food
to change the narrative
of those who call it
immigrant soup

Cierra los Ojos y Viaja en el Tiempo

los olores nostálgicos desbloquean recuerdos
que estaban ocultos

Close your Eyes and Time Travel

nostalgic smells unlock memories
that were hidden

Mentol

frota, frota, frota
en tu pecho

mi abuelo me enseñó
que no necesito mucho
solo su remedio predilecto
para darle a mis pulmones
suficiente espacio para respirar
sin peligro

Menthol

rub, rub, rub
on your chest

my grandpa taught me
I don't need much
just his go-to remedy
to give my lungs
enough space to breathe
safely

Treinta

el metro huele a
cigarros mojados
en la esquina de la acera
cuando llueve

y pienso en nuestra última llamada
cuando hiciste prometerte
que volvería a casa
para cuando tenga treinta

negociaste el final
del trato
persuadiéndome con el olor
de empanadas fritas para el
desayuno, almuerzo o cena

vendiéndome el dulce olor
del éxito
superando adversidades
cuando estás bajo un
gobierno
que quiere que falles

el olor
de los girasoles
orbitando en el campo
que llaman casa

Thirty

the subway smells
like wet cigarettes
on the corner of the sidewalk
when it rains

and I think about our last call
when you made me promise you
I would move back home
by the time I'm thirty

you bargained the end of
the deal
persuading me with the smell
of fried empanadas for
breakfast, lunch or dinner

selling me the sweet smell
of success and overcoming
adversity
when you're under a
government that wants you
to fail

the smell
of sunflowers
orbiting in the field
they call home

sound

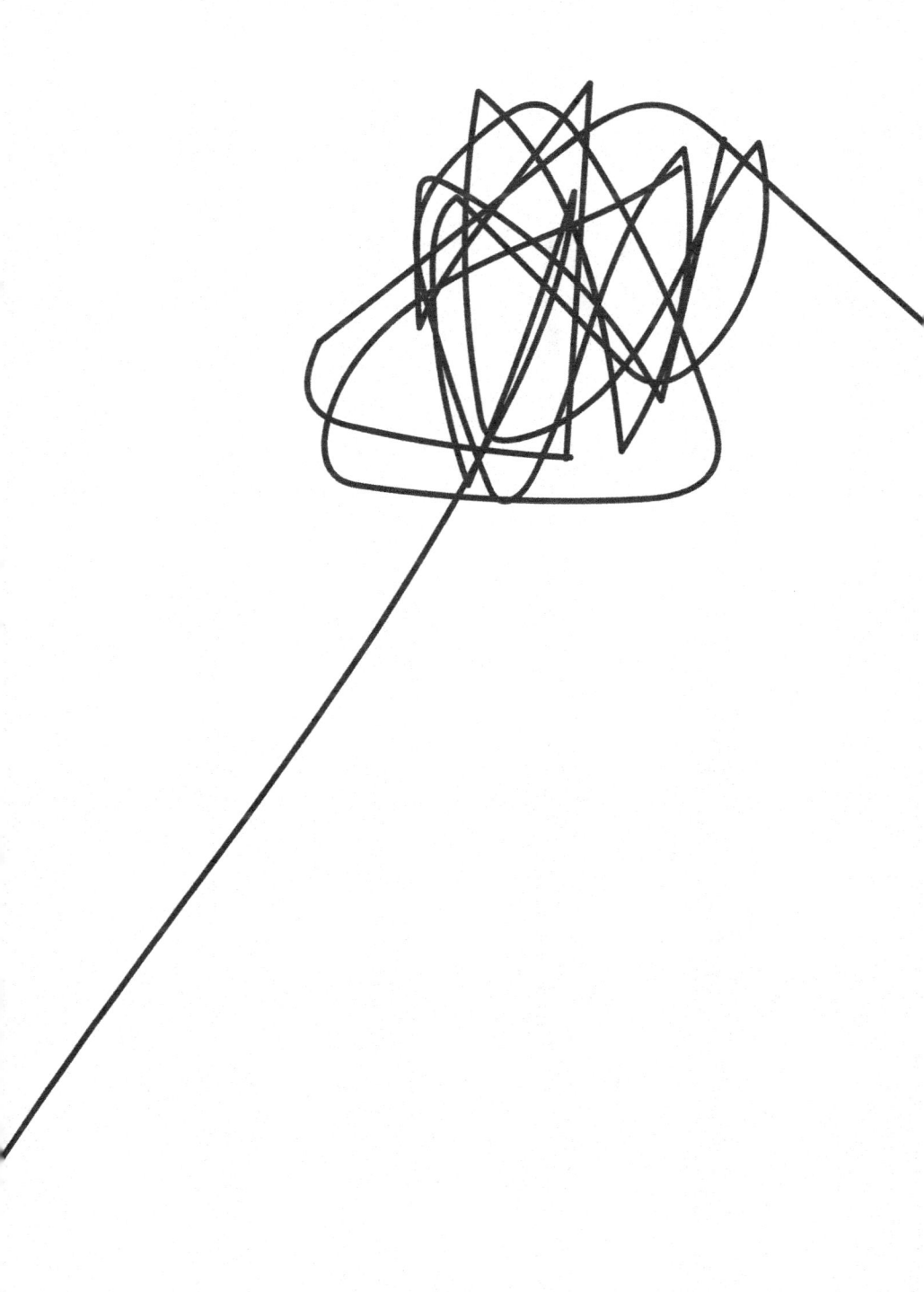

¿Estás Ahí?

tengo miedo de hablar en tiempo pasado

Are You There?

I'm afraid of speaking in past tense

Llamada Internacional

te atendí pero se trancó
te llamé y salía ocupado
me quedé con ganas de hablarte
pero entendí que te habías marchado

te volví a llamar una segunda vez
y contestaste
el tiempo
se volvió arena

cuando tranquemos otra vez
me quedará ese recuerdo
de tu voz
en las estrellas

International Call

I picked up but the call got disconnected
I kept thinking how much I wanted
to speak to you
but I knew you had left already

I called a second time
and you picked up
time slipped by
like grains of salt on palms

when we hang up again
I will always look back
at the memory of your voice
across the star-studded sky

Tango

el estruendo de las baladas
que salen de tu boca
desbordan frenesí
soy presidenta
de tu club de fans

escucho tus cuerdas vocales
como coro de Carlos Gardel
rebotando en las paredes
como frecuencias
que me elevan

el tango abre la
ventana a tu esencia
cuenta la leyenda en Buenos Aires
que todavía se escucha
el eco de tu voz efervescente

Tango

the rumbling of ballads
that come out of your mouth
overflow with frenzy
I am the president of
your fan club

I hear your vocal cords
as Carlos Gardel's choir
bouncing off the walls
like frequencies
that lift me

the tango opens the
window to your essence
legend has it in Buenos Aires
that they can still hear
the echo of your effervescent voice

Millennial Meditation

desplazando la pantalla
en Tiktok una noche
me cruce con
lo que yo llamaría un
reducidor de ansiedad
alivio de estrés
diluidor de dolor
dulce sonido folklórico
contra la canción
un fondo hecho de nada
pero no realmente
era una composición
cubierta en pasto verde
el cielo
matices de azul y lila
no era nada
solo me hacía pensar en nada
derretida en el paisaje
debajo de la melodía
de la voz repetitiva
que cantaba

Millennial Meditation

I was endlessly scrolling
on TikTok one night
and came across
what I would call
anxiety-reducing
stress-relieving
pain-diluted
sweet folkloric lullaby
against the popular sound
a backdrop of nothingness
but not really
it was a composition
covered in green pasture
the sky
different hues of blues and lilacs
it wasn't nothingness
it just made me think of nothing
melting into the landscapes
under the melody
of that voice on repeat
that sang

El Arte de Uno es Remedio de Otro

good days de SZA suena en las cornetas

súbele el volumen
repítela
que se ahogue en silencio la estampida
de mensajes de WhatsApp
pings y pongs repetidos
noticia hecha condolencia
good days en mi mente
no puedo dejar perderla

One Person's Art is Another Person's Remedy

good days by SZA blast on the speakers

play it louder
on loop
drown the silent stampede
of WhatsApp messages
dings and dongs on repeat
condolences giving me the news
good days on my mind
I can't afford to lose it too

Cosas que Haré para Recordarte

crear una lista de canciones
y bailar al son de tu música favorita

Things I'll Do to Remember You

create a playlist
and dance to your favorite music

En Otra Vida Fuiste Artista

las notas del tango
suenan y rebotan
a lo largo de esta mesa
como la cubierta de un ataúd

los compases emblemáticos
que dejan cicatrices
la anticipación de la primera nota
como matices en el aire
y echo un pie

no me sabía la lírica
quien te conoce
vibra hipnotizado
con tu voz

levitas con el guitarrista
que demora el tiempo
eres el protagonista del
gran evento al que llamas
tu vida

You Were an Artist in Another Lifetime

the tango notes
sound and bounce
across this table
like a coffin cover

the emblematic beats
that leave scars
the anticipation of the first note
like hues in the air
and I take a step

I didn't know the lyrics
the ones who know you
vibe hypnotized
with your voice

you levitate with the guitarist
that makes time go slowly
you are the protagonist of
this big event you call
your life

Trabajo en Equipo

todavía escucho las ruedas contra
las vías del tren
como se construyen
los puentes
articulabas frente a mi
abuela escuchaba atenta
en nuestro primer viaje
juntos con Amtrak

me pediste que empezara a grabar
que capturara tus historias que van mas allá
de tu vida plena

ya no soy yo
soy el escritor fantasma
y el testigo
de tus anécdotas
y memorias

Team Work

I can still hear the train wheels
against the railroad
how bridges were made
you articulated facing me
grandma listened
carefully
on our first Amtrak trip
together

you asked me to start recording
to capture your bigger than life
stories

I am no longer me
I am the ghost writer
and the witness
to your anecdotes
and memories

Házmelo Saber

muchos temen el silencio de la duda

silenciosamente nunca dudaste de mi

Let Me Know

many fear the silence of doubt

you silently never doubted me

Jajaja

navego el luto con dos lenguas
entre el océano Atlántico
y el mar Caribe
soy hija de dos países
en una bilingüe fantasía

la tierra del sol amado fue
cambiada por una utopía
y un sueño que me arropa
como una bandera de siete estrellas

ruedo las Erres de mi madre lengua
evadiendo las risas que no suenan
y si no me entienden
que no entiendan
autóctono mi acento valiente

al son de las maracas
derramo
pronunciaciones crujientes
con un el ritmo en el ambiente

no te olvides
de donde vengo

Hahaha

I navigate grief with two tongues
between the Atlantic Ocean
and the Caribbean Sea
I am the offspring of two countries
in a bilingual fantasy

the land of the beloved sun was
exchanged for a utopia
and a dream that swaddles me
like a flag with seven stars

I roll the Rs of my mother tongue
avoiding the soundless laughter
if they don't understand me
they won't understand
my brave native accent

to the sound of the maracas
I spill
crispy pronunciations
with a rhythm in the ambiance

don't forget
where I came from

Recuerdos Favoritos

notas de violín como auroras boreales
llenaron la habitación
las trompetas y trombones
hacen eco al ritmo de nuestros latidos
   en mi primera vez en la ópera

estaba oscuro
pero las luces del escenario
se encontraron con tus ojos y
tu estabas hipnotizado
   yo seguí el ejemplo

me llevaste a un show de magia
y yo era un niño con asombro
las voces que imitaban el arte
desaparecieron nuestras preocupaciones
   y el conductor agitó la varita mágica

Favorite Memories

violin notes like northern lights
filled up the room
the trumpets and trombones
echoed the rhythm of our heartbeats
   on my first time at the opera

It was dark but
the stage lights
met your eyes and
you were hypnotized
   I followed suit

you brought me to a magic show
and I was a kid with wonder
the voices that imitated art
vanished our worries
   and the conductor waved the magic wand

Generaciones

oiga consejo pa' llegar a viejo
    oiga consejo pa' quedarse joven

Generations

listen to advice to grow old
      listen to advice to stay young

Dueto

cuando era una adolescente
me diste tu guitarra para aprender
me proclamé un artista con visa de talento
acreditando tu don como mío
y el derecho de
cargar con la antorcha que prende en fuego
con tu vocación
un pasatiempo
que te hace el alma de la fiesta

traté y traté de tocar
era destino
yo era las letras
y tu eras la música
de nuestro concierto gratuito
pero mis dedos fueron rechazados
por la fricción de las cuerdas
que daban vida al silencio

y el silencio quema

Duet

when I was a teenager
you gave me your guitar to learn
I proclaimed myself an artist with a talent visa
crediting your gift as mine
and the right to
carry the torch that lights up on fire
with your calling
a hobby
that makes you the life of the party

I tried and I tried to play
it was destiny
I was the lyrics
and you were the music
of our free concert
but my fingers were rejected
by the friction of the strings
that gave life to silence

and silence stings

Turbulencia

que este avión sea un títere
en tus manos de marionetista
llévame sano
llévame a salvo
en tu territorio infinito

toma control de
mi vida en el aire
permíteme entrelazar
nuestros campos de energía

ven por favor
abrázame como el cinturón
cuando la señal
está prendida

la única turbulencia que extraño
son las vibraciones
del sonido de tu voz
por el teléfono

Turbulence

let this plane be a puppet
in your puppeteer hands
drive me safe
drive me sound
in your infinite territory

take control
of my life on air
let our energetic
fields intertwine

come through please
hug me like
a seatbelt sign
when it's on

the only turbulence I miss
is the vibration of the sound
of your voice
over the phone

taste

Sabor

risas de picardía
con un poco de pimienta
fabricante de cuentos
sin receta escrita

ese sabor
que domina los oídos de quienes escuchan
ese sabor
que sale de tus labios

salpicando sabiduría
como especies que habitan en
mis memorias
insípidas

Flavor

mischievous laughter
and a little bit of pepper
the story maker
has no written recipe

that flavor
dominating the ears of those who listen
that flavor
coming out of your mouth

sprinkled with knowledge
like spices that dwell in
my tasteless
memories

Eulogía

sopa de letras
revueltas
en mi cerebro
corazón
y estómago

Eulogy

alphabet soup
scrambled
in my brain
heart
and stomach

Inhala, Exhala

trituro y vierto
y enrollo
el santo pasto
quema lento
como el dolor
Inhalo

me desenvuelvo
a mi más vulnerable
y puro ser
como un bebé llorando por ayuda
todas las noches
y todos los días
duelo entre juntas
duelo entre estaciones
duelo entre momentos en que el humo
entra en mis pulmones
Exhalo

el duelo es pesado, sácalo pa'fuera
el duelo es llano y que no te atrape
el duelo está presente cuando meditas
y cuando festejas
y cuando ríes
y cuando menos te das cuenta
Inhalo

saboreo las notas de piña
y mis papilas gustativas
van con el flow
se mueven como una ola
que viene y va en los
momentos de quietud
como agua en la orilla
montando la marea alta
y sintiendo el bajón
Exhalo

Inhale, Exhale

I grind and I pour
and I roll
the holy grass
burns slowly
like grief
Inhale

I unravel
my most vulnerable
rawest self
like a baby crying for help
every night
and every day
grief between meetings
grief between seasons
grief between moments when the smoke
enters my lungs
Exhale

grief is heavy let it out
grief is shallow don't let it creep on you
grief is present when you meditate
and when you party
and when you laugh
and when you least expect it
Inhale

I can taste the hints of pineapple
telling my tastebuds
go with the flow
move like a wave
that comes and goes
these pockets of stillness
like water at shore
riding the high tide
feeling the low
Exhale

**Cuando no Hay Harina de Maíz en Casa
para Hacer Arepas**

pedir pho o nó pedir pho?

**When There's no Maize Flour at Home
to Make Arepas**

to pho or not to pho?

Vitaminas

hay días que exprimo el jugo de un limón
como si no fuese algo mágico
el zumo saliendo de la cáscara
rogando ser amargo
no agrio
en días que prometo tomar
vitamina C

no es que no quiero sanar pero
no quiero tomar lo que dicen
no quiero engañar
a mi cuerpo haciéndole creer
que no puede curarse a sí mismo

una naranja es más importante
que las pastillas del aviso
un cuerpo con fines de lucro
con una vida saludable
de moneda

Vitamins

there are days I squeeze the juice out of a lemon
as if it wasn't a magical thing
the juice coming out of the peel
begging to be bitter
not sour
on days I promise to drink
some vitamin C

not that I don't want to heal but
I don't want to take what they say
I don't want to cheat
my body into
thinking it cannot heal itself

an orange is more important than
the pills they advertise
a body for profit
with a currency
of a healthy lifestyle

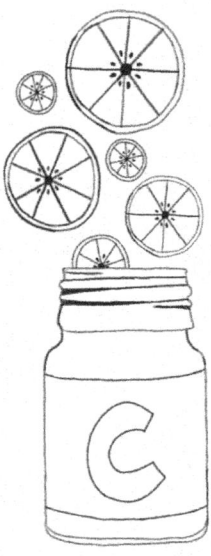

Medicina

te necesito de vuelta
pero no puedo viajar
mi pasaporte venezolano
ha expirado

puse a un lado la melancolía
por un viaje de euforia sobre la luna
viajé hacia mi misma
con la esperanza de estar a tu altura

odio volar y los aviones
me aterran
pero estoy aquí de pasajero

es amargo el trayecto
pero siento la introspección que me lleva
a toda esquina y recuerdo
y no puedo evitar compararlo
a tu abrazo o tu risa o
un apretón de tu mano arrugada

yo tuve que volver
llevando la sanación interna
y un sentimiento que me alienta
en suelo firme

y yo soy tú
y tú eres nosotros

todos nosotros
todos nosotros

Medicine

I want you back
but I can't travel
my Venezuelan passport
is expired

I put melancholy to the side
for an euphoric trip over the moon
I travel within myself
in hopes to get closer to you

I hate flying and planes
it scares me
but i am in the passenger seat

it's a bitter journey but
I feel the introspection taking me
to every corner and every memory
that I can't help but compare
to your hug or your laugh or
a squeeze of your wrinkly hand

I had to go back
taking the internal healing with me
and a reassuring feeling
that I am grounded

and I am you
and you are us

all of us
all of us

Arrugas

soy la uva de tu pasa

Wrinkles

I'm the grape to your raisin

Una Dona con Sentimientos

yo siento mucho
    simplemente no estoy completa

A Donut with Feelings

I feel a whole lot
  I'm just not whole

Café Negro

el café negro
amargo con la nostalgia
sin azúcar ni crema
ni melao hecho en casa

si lo tomo tarde
el insomnio se asoma
como desayuno en la cama
pidiendo recuentos
de tus últimos suspiros
al salir el sol por la mañana

Black Coffee

black coffee
bitter with nostalgia
no sugar or cream
nor homemade molasses

if I take it late
insomnia creeps in
like breakfast in bed
asking for recounts
of your last breaths
when the sun rises in the morning

Chucherías de Viaje en Carretera

mi niñez nutrida
como semillas de parchita
en su pulpa

se detiene el tiempo
en tu templo
y los mangos maduran

el néctar burbujea
con el sol abrasador de
Maracaibo

dulce la melcocha
que comíamos
a un lado de la carretera

Road Trip Snacks

my childhood nurtured
like passion fruit seeds
in their pulp

time stops
in your temple
and the mangoes ripen

the nectar bubbles
with the scorching sun
of Maracaibo

the sweet melcocha
we used to eat
on the side of the road

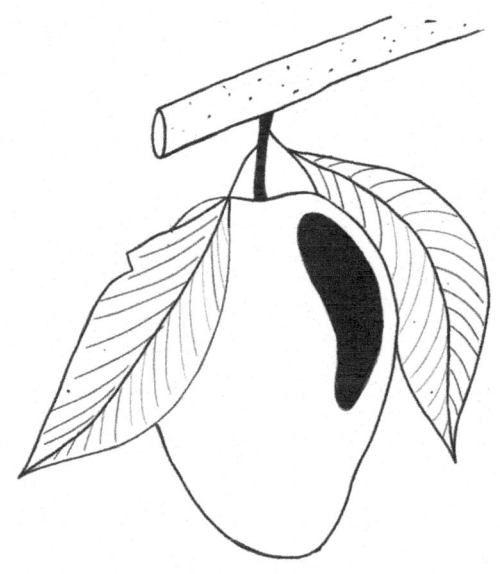

Lecciones de Vida

me alimento de tus errores
pa' no morir de hambre

Life Lessons

I feed on your mistakes
so I don't starve myself

touch

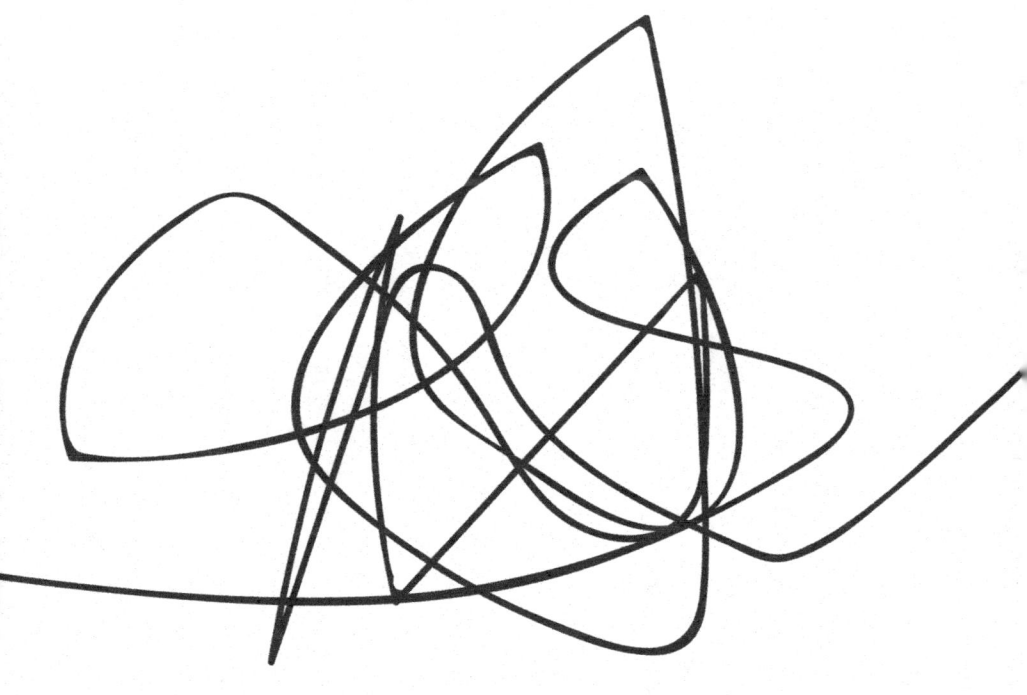

100% Algodón

mi piel de gallina
se extiende en las entrañas
de los hilos de tu camisa

los recuerdos me traen de vuelta a casa

100% Cotton

my goosebumps
go past the insides of
the threads of your shirt

the mementos bring me back home

Uno para Todos y Todos para Uno

estoy sanando
la trifecta herida de
mi cuerpo
mi mente y
mi alma

All for One and One for All

I'm healing
the wounded trifecta of
my body
my mind and
my soul

Jaque Mate

sin el patriarca en el tablero
depende de la reina y los peones
seguir jugando

Checkmate

without the patriarch on the board
it's up to the queen and pawns
to keep playing

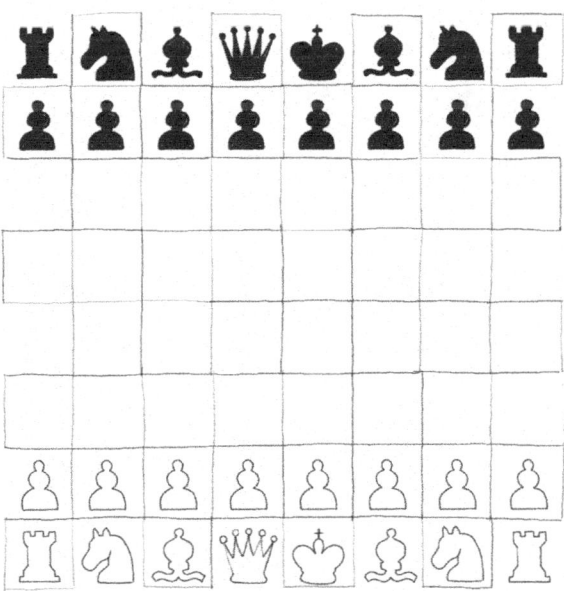

Al Mal Tiempo, Buena Cara

en días grises y nublados
sin sentido de pertenencia
manejo en medio de una tormenta
y no funciona el parabrisas

pisé el freno

ventanas abajo
mi mano siente la lluvia
y pienso en cuando me dijeron
que la vida se escribe derecho
en líneas torcidas

y es un hecho
en mi derecho está
vivir mi verdad imperfecta
en líneas torcidas sin mucha prisa
marcando el trayecto

Bad Weather, Good Attitude

gloomy and cloudy days
heighten my sense of not belonging
I drive through a rainstorm
and the windshield is not working

I hit the breaks

windows down
my hand can feel the rain
and I think about the time I was told that
life is written
in crooked lines

and it's a fact
I have the right to write
my truth and my imperfect life
taking my own time
marking the pathway

Club de Millas Llorosas

semillas en mis mejillas como pecas
esperando ser regadas por mis lágrimas
la turbulencia
o la altitud
me dan ganas de gritar

la salida de emergencia
me llama
saltaré a la nube más cercana
tu estarás allí para atraparme
observando a todos desde arriba

semillas en mis mejillas como pecas
esperando ser regadas por mis lágrimas
la turbulencia
y la altitud
hacen que me agarre del asiento

la salida de emergencia
me llama
saltaré a la nube más cercana
cuéntame todas tus historias
antes que este avión se caiga

Cry Mile Club

seeds on my cheeks like freckles
waiting to be watered by my tears
it's the turbulence
or the altitude
that make me want to scream

the emergency exit
calls me
I'll jump to the nearest cloud
you'll be waiting there to catch me
watching everyone from above

seeds on my cheeks like freckles
waiting to be watered by my tears
it's the turbulence
and the altitude
that make me grab on to my seat

the emergency exit
calls me
I'll jump to the nearest cloud
please tell me all your stories
before this plane comes crashing down

¿Vale la Pena Irse?

me pregunto
cuántos nietos inmigrantes
no pueden disfrutar
toda la vida de sus abuelos

Is it Worth it to Leave?

I wonder
how many immigrant grandchildren
can't enjoy
the entirety of their grandparents' lives

Carta de Amor a Mérida

levanta el ánimo de todos
antes que el suyo
mujer alegre, tú

el único truco
debajo de su manga
es dar sin esperar nada a cambio
mujer generosa, tú

corazón de miel
carisma como mantequilla
mujer encantadora, tú

deseos sin pecado
mártir de sus bendiciones
mujer sacrificada, tú

quién te sanará cuando estés
frente a tu altar
pidiéndole a Dios una señal
mujer devota, tú

el legado lo llevas
la magia es real
si tan solo lo crees
mujer optimista, tú

sin ti
no hay él
gracias por existir
mujer maravillosa, tú

Love Letter to Mérida

lifts everyone's spirits
before her own
you joyful woman

the only trick up her sleeve is
giving without expecting
anything in return
you selfless woman

heart of honey
charisma like butter
you delightful woman

sinless wishes
martyr of her blessings
you cross-carrying woman

who's going to cheer you up
when you're in front of your shrine
asking God to give you a sign
you devoted woman

you carry the legacy
magic is real
if you just believe it
you hopeful woman

without you
there's no him
thank you for existing
you marvelous woman

Bigote

siento la grama debajo de mis mejillas
punzante como
tu bigote

los tonos verdes
se esfuman con cada caricia
vueltos grises
vueltos polvo

un escudo acogedor
un nombre
sin etiqueta

Mustache

feeling the grass underneath my cheeks
prickly like
your mustache

the shades of green
fade with every stroke
gone to gray
gone to dust

a welcoming shield
a name tag with
no name

Posición Fetal

querido monstruo migraña
no vengas por mí todavía
que he seguido al rebaño
hacia un charco de pastillas

querido monstruo migraña
no apagues la luz
pedí por una pausa
pero nunca la obscuridad

querido monstruo migraña
no me hagas olvidar
que pedí por entumecimiento
para eludir mi soledad

Fetal Position

dear monster migraine
don't come for me yet
I've followed the heard
to a puddle of pills

dear monster migraine
don't turn off the light
I prayed for a break
but never the darkness

dear monster migraine
don't make me forget
I asked for this numbness
inside of my head

Pegar las Piezas de Nuevo

salí de esto
    viva pero rota

Glue the Pieces Back Together

I came out of this
    alive but broken

Nunca Voy a Lavar tu Suéter

que mis mangas
le den la vuelta al mundo
hasta abrazar
mil veces
el eje de tu cuerpo

Never Washing your Sweater

may my sleeves
go around the world
until I hug
the axis of your body
a thousand times

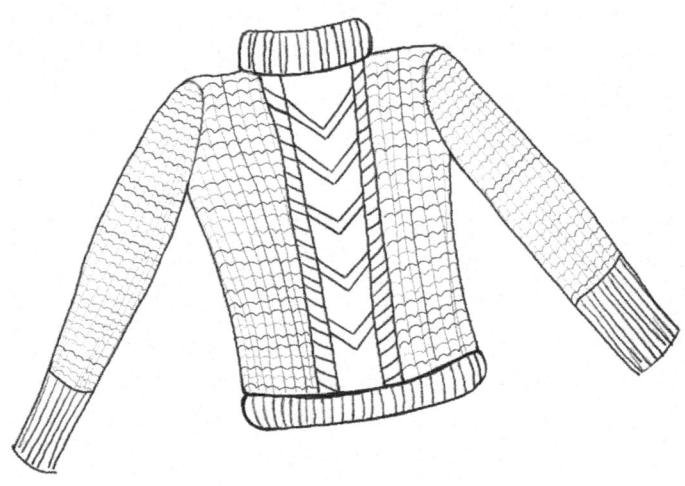

Iguales pero Diferentes pero Iguales

en vez de compartir
nuestras diferencias
diré lo que tenemos en común

dos lunares
uno en cada pie
igual que los tuyos
tan extraño pero
es mi cosa favorita

los ojos grandes
llenos de sueños
nuestro amor a la guitarra
sin sabernos ni una nota
pero como amábamos cantar

estabas claro
que tu tercera generación
es parte del cambio
con letras y el sentimiento
que mas pesa

el hecho de no poder hacer
que te quedes
o discutas conmigo
cuando no vemos
la misma cara de la moneda

estabas claro
aunque no te importara
mi punto de vista
no porque no querías
solo porque sabías que

yo no soy tú
yo no soy tú

sin embargo
te quedaste callado
admirando
la mujer que soy hoy en día
así fue como supe que
amábamos
y compartíamos
lo que me hace a mi misma

Same but Different but Same

I won't share our differences
I will say what we have
in common instead

two moles
one on each foot
same as yours
so odd yet
it is my favorite thing

big eyes
filled with dreams
our love for the guitar
but we don't know
how to play

you knew
your third generation
is making waves
and lyrics with the feeling
that hurts the most

you knew
I saw you not caring
about my point of view
not that you didn't care
but only because you knew

the fact that
I can't keep you
or argue with you
when we don't see
the same sun

I am not you
I am not you

yet
you stood in silence
admiring
the woman I was becoming
that's how I knew
we both loved
and shared
that similarity

Lápiz, Papel y Entregarse

lleva gracia
ir del dolor
a la gratitud

Pen, Paper and Surrender

it takes grace
to go from grief
to gratitude

Porque Solo Hay Una

me diste el mejor regalo de todos
el chance de empezar una vida nueva

una con propósito

Because There is Only One

you gave me the greatest gift of all
the chance to start a new life

a purposeful one

Aceptación

al recordarte con mis cinco sentidos

    te hago inmortal

porque eres vida

Acceptance

by remembering you with my five senses

    I make you immortal

because you are life